D1711122

7

PASOS PARA TRANSFORMARTE

A DE EMPLEADO EMPRENDEDOR

7 PASOS PARA TRANSFORMARTE DE EMPLEADO A EMPRENDEDOR

GUÍA PRÁCTICA PARA INICIAR TU PROPIO NEGOCIO

Carolina Pereira

7 PASOS PARA TRANSFORMARTE DE
EMPLEADO A EMPRENDEDOR
Carolina Pereira

Edición: Yesmín Sánchez yesminsanchez@gmail.com
Diseño: Ernesto Cova ejcova@gmail.com
Corrección ortotipográfica: Adriana Ramírez
adrianaramrez004@gmail.com
Fotografía de cubierta: Adriana López
Estilismo: Vanessa Rivera
Maquillaje: Sol García

Primera edición. Octubre de 2022

DEDICATORIA

Cada una de estas páginas está elaborada para guiarte a ti como profesional, líder, y emprendedor a creer en tus talentos y desarrollarlos exitosamente.

Tú, que toda la vida has trabajado en una empresa, que percibías tus pagos una o dos veces al mes, que solo tenías que demostrar lo bueno que eras en tu área... Te hablo a ti.

Hoy escribo para aquellas personas que reconocen tener un talento, una pasión en algún campo, pero no toman la decisión de invertir de lleno en su emprendimiento.

Te hablo a ti, empleado, que no eres feliz donde estás, donde el trabajar en una empresa ya no es tu prioridad... porque tu prioridad ahora es tener tu propio negocio, pero no sabes por dónde empezar.

Este libro es para ti.

Este libro refleja paso a paso mi camino para dejar de ser empleada y convertirme en emprendedora.

No estás solo. Vamos juntos.

AGRADECIMIENTOS

Cada segundo de mi vida agradezco a Dios por permitirme hacer lo que me llena y me hace sentir plena.

Agradezco a mi esposo por, desde el primer momento, apoyarme a dedicar horas del día a compartir mi experiencia en estas páginas.

Agradezco a mis alumnos por permitirme guiarlos y, sobre todo, inspirarme a ser cada día mejor docente.

Agradezco a todas las personas que han confiado en mí para ser parte de su marca a través de las alianzas comerciales.

Agradezco al proceso migratorio por permitirme vencer mis miedos y creer en mis talentos desde el emprendimiento.

Agradezco a cada uno de mis mentores por inspirarme y creer en mí.

Agradezco a mi editora, Yesmín Sánchez, por guiarme con paciencia y pasión en la elaboración de esta obra.

Te agradezco a ti por invertir en conocimiento y preparación.

GRACIAS

CONTENIDO

PRÓLOGO

Este no es otro libro más de recomendaciones que cualquiera te puede dar. Yo lo veo como la receta de alguien que ya cocinó un plato y, además, le quedó muy bien, porque Carolina Pereira es el digno ejemplo de quien pasa de empleado a emprendedor. Así que este no es un libro de teoría sino de práctica. Carolina vivió todo esto y te está dando los ingredientes y los pasos por seguir para que repliques su exitosa travesía. Hasta los empleados deberían leerlo, porque aun siendo empleado, hay que ser emprendedor, y, como la vida da muchas vueltas, uno no sabe si el día de mañana necesite buscar nuevos horizontes. En un avión te explican dónde están el chaleco salvavidas y los flotadores, y la idea es que todos lo sepan utilizar en caso de que se requiera. Así es este libro.

No quiero asustarte, pero incluso a quienes se creen más seguros en la empresa donde trabajan, les pasa algo de manera inesperada y se ven en la calle. Es como si a Superman le quitaran la capa y ya no supiera volar. Por eso, creo que TODOS, empleados y emprendedores, deberían leer y adoptar las recomendaciones de Carolina, en especial si asumes que, mientras estás empleado, eres el presidente de tu propia empresa de imagen personal. Y porque estar empleado no es vivir bajo la sombra de un árbol ni tampoco seguir con el cordón umbilical en lo laboral. Se puede ser empleado y comenzar a soñar con la posibilidad de independizarse. Así lo hice yo.

Yo di el salto en 2004 cuando decidí hace 18 años pasar de ser empleado a emprendedor. Y no sabes cómo me hubiera encantado leer algo así, que me guiara a través de todo lo desconocido a lo que estaba por enfrentarme. Solo el instinto, la responsabilidad, la reputación, el talento y mis ganas de salir adelante me sirvieron de tracción y alzamos vuelo.

Pero no te duermas en los laureles del éxito. Yo siempre digo que los clientes se pierden todas las noches y hay que volver a ganárselos al día siguiente. Sé siempre humilde. Trata con respeto a los demás, como quieres que te traten a ti. Da siempre más de lo que se espera. No te conformes con lo mínimo. Si mantienes esa filosofía de comenzar como si fueras nuevo todos los días, poco a poco irás contando en tu empresa los meses y los años.

Así como Carolina, que llegó hace siete años, yo llegué hace 27 años. Nos unió nuestro gentilicio, nuestra profesión y nuestra pasión por ayudar a nuestros compatriotas. Hemos apoyado a gente necesitada, hemos dado comida gratis durante la pandemia de la COVID-19, hemos impartido charlas migratorias y ahora Caro les da su receta para salir adelante. Síganla al pie de la letra, porque, así como las recetas, cuando saltas un paso, el plato no sabe igual.

Les deseo la mejor de las suertes, y antes de ser emprendedores, por favor, sean correctos embajadores de Venezuela, nuestro país, sean gente de bien, hagan las cosas como deben hacerse, respeten las leyes y a la gente, porque más que lograr independencia financiera, lo más importante es tener una vida honesta, digna y ejemplar. Ser ejemplo para nuestra familia, nuestra comunidad y el mundo.

¡Gracias, Carolina, por brindarme el honor y el orgullo de escribir un prólogo para el libro de una colega, amiga y compatriota a quien admiro y respeto tanto!

Sé que a los lectores los dejo en buenas manos: las tuyas.

Max Lefeld

ACERCA DE LA AUTORA

Carolina Pereira es periodista y docente luso-venezolana radicada en Texas, Estados Unidos, desde el 2015.

Su carrera en medios audiovisuales comenzó desde que cursaba periodismo en el 2001 en Caracas. Ha trabajado en noticieros por más de una década en Globovisión, que está en su tierra natal. Luego, al emigrar laboró en Estrella TV, en EE. UU., donde condujo de manera simultánea su programa radial "De cerca con Caro Pereira" en la ciudad de Dallas.

La docencia comenzó a formar parte de su vida en el 2008. Desde ese momento, su pasión por guiar a los alumnos se enmarcó en la Universidad Central de Venezuela (UCV) y en la Universidad Católica Santa Rosa (Ucsar), también en Venezuela. Luego, en EE. UU. dictó clases en Tarrant County College.

Su etapa como emprendedora empezó al emigrar a EE. UU. en el 2015 cuando Carolina Pereira creó su empresa de comunicaciones para dictar talleres y conferencias de oratoria y ventas a empresas y profesionales a escala nacional. Desde el 2018, ha dictado 60 ediciones en 9 ciudades estadounidenses. Más de 3000 alumnos han formado parte de sus talleres.

En los últimos años, Carolina Pereira ha asesorado y creado alianzas comerciales con más de 30 compañías en EE. UU.

INTRODUCCIÓN

Soy hija de comerciantes portugueses, dueños de restaurantes y panaderías, y nunca en mi vida había vendido ni un pan dulce, ni siquiera un "cachito" (pan relleno de jamón o queso con una cubierta dorada y exquisita). Parece broma, pero es una realidad.

Toda mi vida había sido empleada, empleada de quince y último, eran las dos fechas en las que recibía mi pago por el trabajo realizado a una empresa. Siendo periodista, inicié mi carrera muy joven en el año 2001 en un canal de noticias y luego como docente universitaria en mi país natal, Venezuela, por lo que nunca tuve que preocuparme por buscar clientes: mi único propósito era ser buena profesional en mi área.

¿En qué momento pasé de tener una mentalidad de empleada a una de emprendedora?

Ocurrió en el año 2015 cuando emigré a EE. UU. Dicho cambio no fue por voluntad propia; me vi frente a una gran oportunidad de tener mi propio programa de radio en una empresa americana en Texas. Todo sonaba muy hermoso hasta que me dijeron que yo debía buscar a los patrocinantes. Entré en pánico.

¿Buscar? ¿Conseguir? ¿Qué les debo decir? ¿Cuál es el precio que debo establecer? ¿Y si nadie me compra? ¿Y cómo voy a arriesgar mi ingreso fijo (en un oficio que odiaba) para ser emprendedora? Me hice todas esas preguntas y muchas más. Sin embargo, de algo sí estaba segura: era buena comunicando, pero, sobre todo, esa era mi pasión.

Hoy, quiero compartir contigo mi experiencia para que te sirva como guía en este nuevo proyecto de vida. Debo confesarte que siempre hay un poco de ansiedad, no obstante, he aprendido que esa ansiedad es la fuerza para prepararte y enfocarte con más certeza.

En los últimos cinco años, he logrado inspirar alianzas comerciales maravillosas. Más de 40 clientes han confiado en mí para ser parte del crecimiento de su empresa en EE. UU. Pero no solo me enfoqué en tener más clientes a través de mi programa radial, sino que también desarrollé otras de mis pasiones: la docencia universitaria, a través de mis talleres de oratoria y ventas. En un periodo de cuatro años he dictado más de 60 ediciones en 9 ciudades estadounidenses. He guiado a más de 3000 alumnos para que se acerquen a su meta profesional.

En este libro te hablo como profesional inmigrante que sintió mucho temor al dejar el ingreso fijo, que siempre había sido su zona de confort, para concentrarse de lleno en su empresa. Esto no es al azar. Tampoco una decisión que se toma a la ligera. Debes identificar elementos claves para que puedas surgir exitosamente, trabajar en un plan estratégico y estar totalmente comprometido con el proyecto.

Hoy, comparto contigo lo que he estudiado, aprendido y aplicado durante los últimos años y que me ha permitido no solo vivir de esto, sino también ser económicamente estable, gracias a mi pasión en lo que es mi propio emprendimiento.

En esta guía de siete capítulos te acompaño paso a paso para que des ese primer empujón, que conlleva temores, no lo dudes, pero con la certeza de que funciona. Es una guía para que juntos repasemos de manera teórica y práctica cada capítulo. Léelo con calma, toma apuntes, subráyalo. Es un libro para que sea tuyo, para que nos detengamos donde debamos hacerlo, volver a leerlo cuando surjan dudas, llorar cuando sientas esa necesidad, mas, sobre todo, te va a preparar el camino para que decidas emprender con un plan y con paso firme cuando llegue la hora.

Feliz de acompañarte. Vamos juntos.

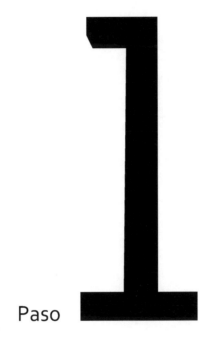

Paso

IDENTIFICAR TU TALENTO

"No faltan ideas extraordinarias, lo que falta es la voluntad de ejecutarlas".

SETH GODIN

Ocurrió en el 2017, cuando tuve mi primera oportunidad en EE. UU. de volver al medio (radio y TV). Fue en una empresa americana y mi propuesta era producir y conducir un programa radial que sería el primero en español para la comunidad latina en el Metroplex (zona compuesta entre Dallas y Fort Worth). Todo iba perfectamente bien, era en lo que tenía experiencia: producir en medios, aunque ahora en una nueva empresa.

Todo cambió cuando me dijeron: "Debes buscar patrocinantes". Un ataque de pánico comenzó a invadirme. No es broma.

Lo admitiré sin nada de pudor: no sabía si reír o llorar. Estaba feliz porque les gustó mi propuesta, y estaba aterrada porque yo debía conseguir clientes, cuando ni un "mini-*lunch*" había vendido, siendo hija de comerciantes en Venezuela.

En ese momento, me detuve y dije:

Si tienes el talento, ¿qué quieres hacer con él?

¿Quieres seguir en un lugar que no te gusta, pero que te genera lo necesario para vivir?

¿O quieres atreverte, prepararte y estudiar ventas mientras haces lo que te gusta?

Acá vino la respuesta: ¡es vender lo que te gusta! Es vender en lo que eres buena: la bofetada. Entonces, Caro Pereira decidió, con miedo, pero decidió, al fin y al cabo, darle dirección a su emprendimiento mediante su pasión y talento.

A continuación, vamos a retomar la pregunta que te hice anteriormente:

¿Qué quieres hacer con tu talento?

Seguir teniéndolo como una afición.

Pensar la idea hasta que no tenga miedo.

Hacerlo de manera paralela con el oficio que tengo ahora.

Tomar la decisión y apostar por mi emprendimiento.

Ninguna de las respuestas es correcta o incorrecta. Todos estamos en procesos y momentos diferentes. Solo tú sabes con qué cuentas actualmente, sin embargo, debo decirte que muchas veces nosotros somos los primeros saboteadores de nuestras vidas.

Muchos han sido los casos de mis alumnos que no logran sus objetivos porque no creen en ellos ni tampoco en su talento, así como otros, que al principio dudaban mucho, hasta que decidieron trabajarlo, para finalmente obtenerlo y con éxito.

Uno de los casos más significativos es el de una exalumna que tenía un gran talento para cocinar y, además, era increíblemente simpática y divertida. En uno de mis eventos la invité a que trajera parte de su muestra de comida a fin de que los presentes supieran de ella y, así, darse a conocer en ese *networking*. Recuerdo que ese día (su primer y único evento hasta ahora) llegó tarde porque el día anterior estuvo de fiesta.

Tiempo después comenzó por enfocarse en unos platillos espectaculares, pero no fue consecuente con un plan: mostrarse en eventos, crear presencia en redes sociales, hacer *networking*… ¿Cuál fue el resultado? No sacarle provecho a su talento. Ahora está alejada de todo aquello en lo que realmente tiene talento.

El segundo caso es el de otra alumna que sentía el mismo temor. Tenía mucho talento para cocinar, pero pocas cualidades para socializar. No obstante, tenía una gran cualidad: estaba comprometida con lo que estaba haciendo.

¿En qué se concentró? En mejorar su técnica culinaria mientras cursaba talleres con el objetivo de manejar el miedo escénico y la ansiedad. Hoy en día, tiene mucho éxito en su empresa culinaria, es amable y respetuosa con sus clientes, sin llegar a ser la más popular (en el buen sentido). No necesita ser popular por su simpatía abrumadora: debe ser popular por su talento y buen servicio.

Comparto contigo estos dos casos, similares al comienzo, y muy distintos al final. Dos mujeres latinas con grandes talentos, ambas culinarias. Dos mujeres: una decidió identificar su fortaleza y prepararse para evolucionar, y otra decidió dejar pasar la oportunidad.

¿Cuál eres tú en la actualidad?

Debes ser muy sincero al responder.

Demostrar tu talento.

Ser realista.

Hemos vivido con la premisa de que debemos gozar de un talento extraordinario para tener éxito. Hemos creado la matriz de opinión de que a tal persona le "fue bien" porque es muy inteligente o porque tenía mucho dinero o porque tenía grandes amigos.

No siempre es así. No siempre.

Quiero decirte que en este momento del libro verás por primera vez que tienes algo increíblemente extraordinario, siendo una persona ordinaria. No necesitas generar altas expectativas. No es un ejercicio para que imagines lo que no tienes. Es un ejercicio para distinguir lo QUE TIENES.

Debemos desprendernos de esos "noes":

"Yo no soy tan bueno como él".

"Yo no tuve la oportunidad que ella ha tenido".

"Yo no pude estudiar en la universidad privada. Por eso, no tengo tanto chance".

"Yo no soy tan bonita como ella".

"A mí nadie me ha ayudado".

Te lo diré en una sola frase: son excusas. Buenas excusas. Pero excusas.

Siempre inicio mis talleres de oratoria y ventas con una presentación de mis alumnos, y el 80% de ellos te cuenta la historia de sus desgracias profesionales, de sus miserias laborales. Terminan con esta frase: "No sirvo para esto, pero es lo que toca".

Yo también tuve mi etapa "miserable" cuando emigré. Fueron mis dos primeros años, y entiendo que los más positivos dirán: "No es miserable, es una etapa de aprendizaje", a lo que yo les contesto: "Una etapa miserablemente de aprendizaje". Me gusta ponerles nombre a las cosas.

En esa época también dudé de mí. En ese tiempo no estaba clara acerca de cuál era mi talento. Sobrecalificaba a todas las personas porque solo a las personas con talentos extraordinarios les va bien.

No es cierto. No siempre.

Lo que sí está comprobado es que "a la gente que no hace nada extraordinario, no le pasará nada extraordinario".

No necesitas un talento extraordinario: necesitas un talento. Porque eso será el comienzo de nuestra carrera como emprendedores. Ve a lo simple, a lo que haces todos los días, pero en lo que eres increíblemente bueno.

Comparto contigo varios ejemplos:

Logras mantener un ambiente cordial en el seno de tu familia = cualidades sociales

Eres el punto de encuentro en tu familia = negociador

Eres el administrador del hogar = números, contabilidad

Eres muy bueno compartiendo ideas = mentorías

Eres bueno creando nuevos proyectos = líder en proyectos

Eres bueno escuchando = *coach*

Eres bueno con habilidades manuales = decoración

Eres bueno con tu discurso = ventas

El dato es encontrar tu talento partiendo de las actividades cotidianas y ver cómo lo conjugamos con esa idea que tienes en mente para iniciar tu emprendimiento.

Comparte aquí ese talento (real, cotidiano) que tienes y que puede serte útil para tu emprendimiento. Si gozas de varios talentos, eres bendecido por Dios. Broma, pero con un grado de verdad.

Mi talento

El logro

Si llegaste hasta acá, debes sentir la sonrisa en mi rostro. Es el primer gran paso para limpiar nuestra mente. Estamos comenzando desde el principio. Sin prejuicios, sin razonamientos complejos, sin títulos, y menos aspiraciones sociales.

Hoy, tú y yo hemos logrado, al menos, pensar en eso en lo que eres realmente bueno. En eso que te diferencia, aunque sea básico, aunque sea común.

Los grandes restaurantes del mundo emprendieron con ideas de platillos con "sabor a casa", con esos platillos preparados por nuestras abuelas que, en su mayoría, no tenían ningún título o preparación académica... Su talento era cocinar con amor, pasión y mucho olfato y gusto. Nuestras abuelas creían no tener un talento extraordinario: era lo que hacían todos los días. Si supieran cómo han sido ejemplo de tantos y tantos en generaciones posteriores.

Muchos tenemos el pensamiento de nuestras abuelitas, hacemos algo que sabemos que es "bueno o regular", pero nada extraordinario. No seamos nuestros primeros saboteadores.

Hoy, vamos a convertirnos juntos en nuestros primeros creyentes. En saber que poseemos un talento (en lo que eres profundamente bueno, y que quizás no tiene nada que ver con tu carrera) y que podemos, con guía y un plan, llevarlo a otro nivel.

Hoy, hemos iniciado con pie firme el primero de los siete pasos para transformarte de empleado a emprendedor.

Lo lograste. Sigamos adelante.

Paso

DETERMINAR TU PROPÓSITO

"Establecer metas es el primer paso para transformar lo invisible en visible".

TONY ROBBINS

L a mayoría de nosotros nos despertamos todas las mañanas con la misma rutina diaria. Sin embargo, hay una excepción, es decir, si nos quedamos dormidos y debemos apresurar y cambiar el ritmo habitual, ¿cierto?

Vamos a hacer este ejercicio: ¿qué hiciste ayer al abrir los ojos? Probablemente, tomaste el celular antes de darle un beso a tu pareja. Prendiste la cafetera mientras fuiste al baño para cepillarte o despertaste a los niños para ir al colegio.

Lo más probable es que hiciste lo mismo el día de hoy.

Ahora vamos a la siguiente pregunta:

Al despertar, ¿te imaginas algo que te hace feliz? ¿Qué es?

Si no lo tienes claro, puedes volver a esta pregunta cuando desees.

Una pequeña idea

Tenía cinco años cuando empecé a tener conciencia de que para conciliar el sueño, siempre me imaginaba lo que quería ser de grande. A esa edad soñaba con viajar por el mundo y hacer muchos amigos. Unos años más tarde soñaba con hablar en público, sin tener miedo.

A los 17 años conciliaba el sueño imaginando mis días mediante el ejercicio del periodismo en un canal de televisión. La idea de viajar, siempre ha sido constante en mi vida. Y lo he logrado. He logrado todo lo que he imaginado desde pequeña.

Conozco 32 países. Tengo 20 años desde que empecé a ejercer el periodismo en televisión en Venezuela y en EE. UU. Han transcurrido casi dos décadas en las que he guiado a mis alumnos en locución y oratoria. Lo he soñado, lo he trabajado y lo he creado.

Así han ido transcurriendo mis noches: siempre imaginando algo que quiero alcanzar. Supe mucho tiempo después que a eso le llaman visualización.

"La visualización consiste en experimentar, mediante la imaginación, cualquier situación que pudiera darse en la vida real". RAE.

Ahora te toca a ti...

Cuando te vas a la cama, ¿en qué piensas?

....

....

Debo confesarte que cuando hago estas preguntas me lleno de emoción porque me traslado a mi niñez, y apenas ahora tengo conciencia real de que absolutamente todo lo que queramos lo podemos conseguir con ese primer paso: soñándolo.

En los últimos cuatro años he guiado a más de 3000 alumnos a prepararse para hablar mejor en público y transmitir su mensaje como líder o emprendedor. Debo admitir que muchos de ellos comparten algo en común: ESTÁN EN UN LUGAR DONDE NO SON FELICES Y SUEÑAN CON ALGO DIFERENTE.

En este capítulo vamos a descifrar ESO que te motiva, ESO que te mueve, ESO que quieres hacer, pero por diferentes razones no te has atrevido.

Así, comencemos a preguntarnos:

¿Te gusta el lugar donde estás?

Si la respuesta es positiva, pregúntate qué hace falta para potenciar esa felicidad.

Si la respuesta es negativa, pregúntate qué necesitas para llegar a ese lugar ideal. (Dinero, apoyo, alianzas, conocer gente, preparación).

La última pregunta: ¿qué has hecho en términos reales y honestos para acercarte a ese lugar? ¿Te has esforzado lo suficiente?

A las personas que no hacen un
esfuerzo extraordinario no les
pasan cosas extraordinarias

Luz en el camino

Llegamos hasta acá y probablemente tengas muchas cosas en la cabeza. Lo importante de definir esta parte es porque será la base para todo lo demás. Cuanto más claro esté, más comprometido te sentirás con tu meta.

Ya sabemos qué te motiva, ya supimos qué es lo que te está atando, y lo más esencial: lo que puedes hacer para cambiar esa realidad.

Ahora tienes el camino más despejado para empezar a visualizar con mayor certeza algunos elementos nuevos:

Tiempo: el lapso que quieres establecer para llevar a cabo tu negocio.

Lugar: ubicación donde ejecutarás tu negocio.

Personas: a quien acudirás para llevar adelante tu emprendimiento.

Este ejercicio me ayudó cuando comencé a visualizar con conciencia ya de adulto. Lo sabroso de esto es que es solo TUYO, no tienes que compartirlo con nadie. Es el primer paso para acercarte de manera real a donde quieres llegar.

Cuando inicié mis talleres de oratoria y ventas en el 2018 en EE. UU., me imaginaba hacerlo en Dallas, que es la ciudad donde resido, y llenar el espacio con alumnos. Se logró. Primera edición, Dallas 2018, 20 alumnos.

A los días me imaginé dictando el taller en otra ciudad de Texas. A los meses, me imaginaba en un segundo estado.

Hoy, cuatro años después, he dictado 60 talleres en 9 ciudades estadounidenses: Dallas, Houston, Austin, San Antonio, Chicago, Nueva York, Florida, Atlanta y Utah.

Lo soñé, lo trabajé, lo conseguí.

La visualización es el primer paso para hacerlo realidad. Hoy por hoy, cada año me pongo metas MUY claras. A esto me refiero, ¿qué quiero hacer el próximo semestre? Tiempo y objetivos exactos. Metas muy claras.

Entonces, ahora que conoces el método que me ha funcionado, es el momento de que tú respondas con metas claras y precisas.

Mi meta para el próximo año

....

....

Tiempo establecido

....

....

Dónde (ciudad, estado, país)

....

....

Personas/alianzas/clientes

....

....

Hazlo con calma, revísalo de nuevo porque es importante detenernos y hacerlo con mucha honestidad.

El primer pensamiento del día

¿Por quién te despiertas todos los días?

¿Cuál es tu principal motivación diaria?

¿A qué recurres cuando no tienes ganas de seguir?

Muchas preguntas con un valor complejo y muy distinto para cada persona.

Estoy convencida de que la motivación es fundamental para hacerse con los objetivos. Cuando estamos motivados, vamos al gimnasio todos los días. Cuando estamos motivados, cumplimos la dieta al pie de la letra. Cuando estamos motivados, vamos al trabajo con la mejor disposición.

¿Pero qué pasa cuando no hay motivación? Dejamos de ir.

Por esa razón, la motivación es importante, pero más lo es el compromiso por alcanzar tu meta.

En EE. UU., alrededor de 25 millones de personas comienzan nuevos negocios al año. Menos de la mitad de ellos logran mantenerse con éxito a corto plazo, según GEM.

Pregúntate:

¿Cuál es mi propósito?

¿Cuál es esa fuerza por la que me levanto todos los días?

¿Ese objetivo que me llena de ilusión por lograr?

El propósito es algo personal, mas, sobre todo, debe estar basado en dar y no quitar. Es esa energía que les vas a obsequiar a ti y a tu gente a través de este negocio o emprendimiento.

Recuerdo a una alumna de Nueva York que compartió su propósito, que se basaba en ser la familia en crear una compañía propia de alimentos sanos y, así, poder apoyar a las mujeres a comer sabroso y mantenerse saludables. A través de su propósito, les estaba "dando" calidad de vida a sus clientes por medio de su comida, a la vez que cumplía su meta personal.

Un propósito diferente fue el de una alumna en Atlanta. Este era orientar a las mujeres a través del *coaching* de vida, como creer en ellas y salir adelante frente a una crisis de divorcio. Les estaba dando una guía, partiendo de su experiencia, para creer en ellas mientras trabajaban su futuro mediante el manejo de sus miedos. Su propósito personal era hacerles un homenaje a su madre y a tantas mujeres, y saber que todo se puede conseguir.

Siempre sugiero que cuando imagines tu propósito no pienses exclusivamente en dinero o en hacerte millonario. El dinero es una energía maravillosa e importante, pero el dinero vendrá como consecuencia de tu talento y buen trabajo.

Piensa en el propósito como algo mucho más grande, espiritual y poderoso. Algo que va más allá de lo material, algo que sea memorable, aunque sea en pequeña escala. Algo loable.

¿Qué es lo primero que se te viene a la mente?

Una vez que tienes idea de cuál es tu propósito, debes hacer un pacto contigo mismo.

El pacto debe estar enmarcado en el compromiso. La motivación no es suficiente. El compromiso será lo determinante. El compromiso será lo que te levante en momentos de crisis. El compromiso será lo que te hará creer nuevamente en tu objetivo. El compromiso será lo que te impulsará a hacer todos los esfuerzos necesarios para materializar tu propósito.

La mayoría de mis alumnos tienen sus emprendimientos como segunda opción. En otras palabras, tienen un trabajo que no les gusta, al que le dedican mayor tiempo y esfuerzo, y dejan el emprendimiento para los fines de semana. Ellos comparten una misma razón: falta de disciplina.

La falta de disciplina viene en general por el cansancio o la carencia de tiempo del trabajo o el oficio que no te gusta, pero te genera lo "suficiente para vivir al día".

Yo también estuve ahí cuando emigré. Yo estaba ahí en ese trabajo u oficio que no te gusta, mas te genera lo suficiente para pagar los gastos mensuales. La diferencia (eso lo aprendí muy rápido) fue que destinaba una hora al día a aplicar, estudiar, aprender y conectarme con otras personas para acercarme a ese lugar que quería. Lo hice hace siete años cuando emigré; lo sigo haciendo.

Debo admitir que veo con mucha tristeza cómo tantas personas cercanas a mi entorno, amigos y, por supuesto, alumnos ven pasar sus días haciendo algo que no les apasiona, mas les da para pagar sus deudas. Lo peor es que, en su mayoría, no son bien remunerados y se quedan por tan poco. Muy poco. Hay algo más preocupante: no son honestos con ellos mismos, dicen que será "mientras tanto" y, cuando se dan cuenta, tienen años en ese lugar que no les apasiona, no les hace feliz (irónicamente), teniendo un talento increíble al que no le profesan fe.

Si estás ahí, te digo... procura hacer algo que te apasiona, con un propósito muy claro de sustancia y contenido.

Si tienes un talento, tienes un propósito, te orientas con un plan y aprendes de un mentor exitoso en el área: créeme, no te puede ir mal. Cuentas con todos los elementos para vivir plenamente con lo que te apasiona.

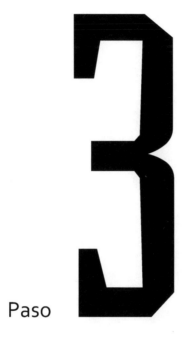

Paso

INVERTIR EN
CONOCIMIENTO

*"Conviértete en la persona que
atraiga los resultados que buscas".*

Jim Cathcart

E l conocimiento es parte de la evolución del ser humano. El conocimiento, sin duda alguna, te da el dominio de la palabra.

Lo básico

Te cuento esta anécdota. Estaba dictando mi taller "Habla menos, vende más" en San Antonio, Texas, cuando a una alumna muy tímida le generaba una gran ansiedad hablar en público sobre su emprendimiento de comida. En los ejercicios no podía fluir con éxito. Ante esto, le dije: "Olvídate del ejercicio, háblame de tu plato favorito".

En ese momento, comenzó a detallar con total naturalidad y pasión las características de su comida, la metodología para hacerlo y, mejor aún, describir la satisfacción de sus clientes al probarla. ¡*Boom*! Lo hizo. Mi alumna solo se aferró a su conocimiento sobre su pasión, no a formalidades, no a los presentes, sino simplemente a lo que sabía.... De ahí la premisa de que el conocimiento te da poder. Literal.

El conocimiento minimiza los miedos. El conocimiento te da esa seguridad adicional para manejar elementos que no puedes controlar.

¿Qué te produce ansiedad en relación con tu emprendimiento o idea de negocio?

La mayoría de los profesionales en nuestros países venimos de ser empleados. Era nuestra zona de crecimiento y confort. Era lo que sabíamos. Precisamente ahí es donde aparece el gran reto para muchos que decidimos emprender por nuestra cuenta. Eso causa temor, mucho temor. En muchos casos, esta angustia está basada en la falta de conocimiento sobre el nuevo oficio.

Este sentimiento es muy común en mis alumnos que se están preparando para ser agentes de seguros en EE. UU. En los últimos años, esta industria ha servido para que muchos profesionales con cualidades para tratar con el público puedan surgir de una manera bastante lucrativa.

Por esa razón, muchos se han sentido cautivados con iniciarse como agentes independientes de seguros. Sin embargo, al ofrecer este tipo de servicio, debes tener conocimiento de todos los términos legales y herramientas (que son bastante amplias) para el cliente. Ahí, exactamente ahí, algunos de mis alumnos se frustran. No logran conectar con los clientes como lo hacían anteriormente. ¿La razón? No manejan bien el área.

Estudia todo sobre tu nuevo emprendimiento. Prepárate todos los días. Sigue actualizándote. El conocimiento será tu brújula.

Recuerdo los nervios que sentí cuando me propusieron hacer un taller sobre discurso y ventas en el 2017. Era tan irónico, pues ya tenía diez años siendo profesora universitaria de locución y TV. Además, tenía años narrando noticieros en televisión, haciendo entrevistas en vivo con políticos, pero este tema, ventas, era algo novedoso para mí. Entonces, comencé a analizar ciertos elementos que me permitieron ver todo con mayor claridad.

Puntos de encuentro

Primero, determiné qué elementos en común tenía ese nuevo curso en relación con mi vida como docente: la metodología, la audiencia (todos profesionales), la mitad del contenido era sobre un tema que ya tenía tiempo manejando: el discurso. De este modo, solo debía empezar a prepararme académicamente sobre ventas.

En tu caso, pregúntate qué experiencia has tenido en el pasado con lo que piensas hacer en el futuro. ¿Sí? ¿No?

Si tu respuesta es negativa, hallaremos puntos de encuentro. No te preocupes.

Un alumno que se había desempeñado toda su vida en su país natal como contador se encontraba en un gran dilema porque se estaba formando en EE. UU. como preparador de impuestos en español. Hacía énfasis en la experticia con su profesión del pasado y en la "ignorancia", según él, en su nuevo oficio de ahora. Dudaba si podía tener éxito. En ese momento, le pregunté:

Contaduría tiene que ver con números, ¿cierto?

Sí.

¿Tú eres bueno en números?

Sí.

¿Impuestos tiene que ver con números?

Totalmente.

Tú tienes toda la experiencia y el conocimiento en esto. Lo que cambia es la forma, no el fondo.

En ese momento, mi alumno respiró. No se enfocó en las diferencias, se enfocó en las similitudes. Se enfocó en los puntos de encuentro.

¿Cuál es tu punto de encuentro entre lo que hacías y lo que piensas hacer?

_____

_____

Casos de éxito

Lo segundo que hice fue reconocer los componentes que me habían permitido obtener mis primeros patrocinios de manera exitosa. Esto me creó confianza porque no era algo ajeno; ya lo había hecho. Lo que debía hacer era precisar cuáles fueron esos clientes y qué estrategias había utilizado.

En este ejercicio determiné que al hablar con los potenciales clientes sobre mi emprendimiento tenía muy claros ciertos elementos:

1. Sabía cuál era el sello diferenciador de mi programa.
2. Sabía cuál era mi fortaleza como productora y ahora ofreciendo mi producto.
3. Había estudiado al cliente. No tenía que hablar de más. Debía ESCUCHAR.
4. Explicaba con pasión y convicción los beneficios de la alianza.
5. Le ofrecía opciones de diversos planes para que la decisión estuviera de su lado o, al menos, así lo pensara.
6. Hacía seguimiento a cada uno de mis clientes después del primer encuentro.

Pasé de no vender ni un pan dulce en 2016 a generar más de 19 clientes en 2018, clientes con los que aún seguimos con alianzas en 2022.

Acá me quiero detener.

El drama de muchos empleados es que tenemos una especie de himno profesional pesimista: "No soy bueno en ventas. Yo no sirvo para vender".

Yo estuve ahí. Yo también lo creí. Yo también me convertí en mi propio enemigo.

Según diferentes estudios, reflejados por el autor Jürgen Klarić, los vendedores no nacen: los vendedores se hacen.

El 20% de los vendedores nacen con ese talento innato.

El 30% se concentra en capacitarse.

El 50% es la actitud que tienen para vender.

De ahí que veamos a tantas personas que son increíblemente talentosas, pero que no venden nada. ¿La razón? Tienen el conocimiento sobre su área, pero no la actitud. También está la otra parte, que es más peligrosa: personas que captan la atención, son increíblemente astutas vendiendo, mas tienen poco conocimiento de su campo. ¿La razón? Les sobra actitud. Luego, estamos la mayoría. Primero, nos preparamos para aprender del área y, después, lo creemos plenamente, lo que labra un camino con mucho atractivo y coherencia.

Mentores anónimos

En tercer lugar, comencé a averiguar sobre autores y libros que me permitieran instruirme para poder generar contenido y aprender acerca del tema.

Hay diferentes portales *online* y librerías que te permiten ojear con tranquilidad.

Primero lo primero: hay buscadores *online* en los que puedes usar palabras claves y te mostrarán libros relacionados con tu campo. En muchos casos, puedes leer las primeras páginas para que tengas una idea acerca de ese punto en particular. Si el libro te cautivó, entonces decides comprarlo. Si no te interesa invertir en la compra, tienes otras opciones como audiolibros o la versión Kindle que, por lo general, es más económica o gratis.

Si eres de los que prefieren ir a las librerías porque disfrutas el ambiente y sentir los libros, entonces esta es otra opción. En muchos países, las librerías tienen espacios apacibles con cafés para que disfrutes leer mientras decides si compras. Sin duda alguna, esto es para amantes de la lectura.

Escribe dos libros que te llamaron la atención sobre tu emprendimiento:

....

....

La otra opción a la que recurrí y por la que sigo apostando es aprender de especialistas en el área, que me cautivan por su trayectoria, por su liderazgo, por su contenido o, simplemente, por la empatía que despertaron en mí.

Mi sugerencia es buscar expertos en el área que quieres desarrollar, comienza con material gratis para que veas sus ponencias o estilo y, una vez que te hayan conquistado, invierte en capacitarte. Esto hará una gran diferencia entre que vayas con tu talento por el mundo como una veleta sin rumbo o que vayas con un plan de viaje hermoso y confiable.

¿Cuál es la persona que te inspira en tu área?

_____

_____

¿Has tomado cursos o clases con esa persona?

_____

_____

Depende de ti si quieres limitarte a ser un fan o un emprendedor que decidió aprender activamente de esa persona que admiras.

Las excusas

Millones de personas pasan sus vidas poniéndose excusas para no hacer algo que les apasiona. Una de esas excusas es el dinero.

"No tengo dinero para estudiar, no tengo dinero para invertir, no tengo dinero para comenzar desde cero y dejar lo seguro". *NO TENGO* ES LA FRASE HABITUAL PARA MUCHOS.

¿Sabías que para empezar un emprendimiento lo más importante no es el dinero, sino el conocimiento que tengas para hacerlo?

Te hablo a ti, que hemos llegado juntos hasta este tercer capítulo. Te hablo a ti, que ya estamos más cerca de construir de manera concisa y sólida lo que te apasiona y lo que te hará transformarte de empleado a emprendedor: que el miedo no te paralice.

Si sientes ansiedad, es normal. Yo estuve ahí. ¿Qué hice para manejar ese miedo? Lo convertí en inspiración y fuerza a fin de seguir adelante con lo que sabía que era buena. No lo hice a la ligera. Seguí todos los pasos que te estoy compartiendo.

De lo que no te has dado cuenta es de que hasta ahora hemos avanzado en puntos que desconocías.

Hemos caminado un trayecto basado en tus fortalezas, tus cualidades, tu inspiración, tu fuerza para levantarte todos los días.

En el capítulo 1 identificamos tu talento

En el capítulo 2 determinamos tu propósito

En el capítulo 3 buscamos a las personas que serán nuestros mentores anónimos

En el siguiente capítulo vamos a guiarnos por la creación de un plan de acción. Hablaremos sobre los próximos pasos a fin de ponerle rostro a tu talento y a tu propósito. Has avanzado. Lo estás logrando.

Tómate un café. Esto sigue. Seguimos.

Paso

PLAN DE ACCIÓN

"Sin una metodología, las ventas son accidentes y no tienen recorrido".

SALES BUSINESS SCHOOL

E sto es un gran logro. Llegar hasta el capítulo 4 es comenzar a ponerles forma a todas las ideas que tienes en mente. Es el primer paso concreto para acercarnos a ese lugar que tanto queremos.

En uno de mis talleres de Dallas estuvo una mujer que tenía años conociendo su talento, sabiendo cuál era su fortaleza. Era una artista que tenía 15 años soñando todas las noches con montar una escuela de arte para enseñar a dibujar. Cuando le pregunté por qué no había materializado su sueño, me dijo: "No sé cómo hacerlo. Simplemente, no lo he tomado en serio".

Hoy, compartiré contigo todo lo que he estudiado y aplicado con éxito al llevar adelante mi idea de negocios a una empresa real.

Audiencia establecida

Muchos de mis alumnos están en el área de seguros. Cuando les pregunto sobre su audiencia ideal, coinciden: "Cualquier persona que tenga vida". Y precisamente ahí viene el error.

El más grave error de un emprendedor es querer llevar su servicio o bien a un mercado grande, poco claro y sin definir.

En relación con los agentes de seguros en EE. UU., no puedes ofrecerle pólizas a "cualquier persona que tenga vida" porque si es muy anciana, no te comprará la póliza (edad de tu audiencia). Segundo, si el agente tiene licencia para vender en Texas, no puedes vender seguros en otro estado (ubicación de tu audiencia). Tercero, si lo que deseas es captar personal, tampoco aplica, porque solo puedes captar personas que tengan permiso de trabajo en EE. UU. (estatus legal de tu audiencia).

Nuevamente, el más grave error de un emprendedor es querer abarcar mucho, sin tener éxito. La clave es ir directamente a tu cliente ideal. Eso lo haremos juntos.

Cuando hablamos de tu audiencia ideal nos referimos a la clientela a la que deseamos llevar nuestro bien o servicio. Muchos estudios sugieren la delimitación exacta como un método efectivo para alcanzar las ventas. Y yo coincido plenamente con esta perspectiva. ¿A qué nos referimos? Nos referimos a establecer características específicas, aunque siempre hay excepciones. Veamos:

- Género: masculino o femenino.

Ejemplo: si es un *spa* que desea dirigirse a mujeres contemporáneas. Aunque si se presenta algún hombre o persona fuera de esas características, se evaluaría si será atendido o referido a otro lugar.

- Edad

Este elemento es muy importante porque, dependiendo de la edad, sabremos cuál es el lenguaje más efectivo que vamos a usar. Un ejemplo claro es si tu producto es zapatos de mujer con tacones muy altos o plataformas, y si tu público ideal tiene entre 15 y 25 años, no deberías usar un lenguaje formal y conservador porque no cautivarás la atención de ese público potencial.

Una vez más: no es descartar a nadie, porque siempre habrá excepciones. Es saber cuáles son las necesidades y gustos de tu audiencia ideal, es decir, del potencial cliente.

- Educación

El nivel académico constituye una parte fundamental para que tu producto tenga el alcance adecuado. Saber cuál será tu lenguaje y tus expresiones hará que tu mensaje llegue más rápido. Un ejemplo claro de esto es si ofreces productos de cocina a un ama de casa campesina, no deberías comunicarte con un lenguaje técnico y muy sofisticado, porque no te entenderá. Deberás usar un lenguaje sencillo, armonioso y que cautive a tu cliente.

- Ubicación

Esto se refiere a dónde está ubicado tu cliente ideal. Comienza a definirlo de macro a micro, es decir, empieza por el estado, luego la ciudad, luego las urbanizaciones dentro de esa ciudad en donde tu bien o servicio puede llegar.

- Gustos, valores y preferencias

Estos factores son más específicos, pero harán una gran diferencia al comunicarte con tu cliente ideal. Al saber sus gustos, los valores que más les importan y las preferencias hará que tu empatía con ellos sea natural y rápida. Un ejemplo de esto es cuando sabes que tu audiencia ideal es profundamente conservadora. Entonces, háblales de matrimonio, familia y valores que sean relevantes para ellos. Inmediatamente, captarás su atención.

Me quiero detener acá para compartir con ustedes una de las lecciones más importantes que he aprendido en relación con ventas:

No pienses en vender; piensa en generar empatía.

Al generar empatía, captas la atención del cliente ideal.

Al generar empatía, la conversación se transforma en armoniosa.

Al generar empatía, tu cuerpo y tu mente se vuelven amigables.

Al generar empatía, deseas seguir en contacto con esa persona.

La gran pregunta es: ¿cómo generamos empatía?

Enfocándonos en nuestro lugar común, esto es, en nuestro punto de encuentro con el cliente ideal. Habla sobre eso que comparten y que no saben. Habla sobre eso que los une y no es obvio.

Precisamente sobre este tema de puntos de encuentro o lugares comunes con tu clientela ideal, te cuento acerca de mi experiencia en el taller "Habla menos, vende más" que dicté en Chicago. La mayoría de mis alumnos en esa ocasión era de Ecuador. A pesar de que mi público en los talleres son profesionales hispanos, en su mayor parte son venezolanos. Sin embargo, en esa ocasión, el 70% era del Ecuador. Entonces, hice el ejercicio y les pregunté:

Yo: ¿Qué tenemos en común nosotros?

Ellos: Somos hispanos.

Yo: ¿Más nada? Pensemos un rato. ¿Somos hispanos?

Ellos: Sí.

Yo: ¿Somos inmigrantes?

Ellos: Sí.

Yo: ¿Nos costó mucho trabajo adaptarnos como inmigrantes?

Ellos: Sí.

Yo: ¿Tenemos familia en nuestros países?

Ellos: Sí.

Yo: ¿Ayudamos a nuestra familia desde acá?

Ellos: Sí.

Yo: ¿Queremos hacer las cosas bien en este país y surgir exitosamente?

Ellos: Sí.

Yo: ¿Ven todas las cosas que tenemos en común? Muchas cosas. Mucho más que un país diferente. Tenemos más coincidencias que diferencias.

De esto se trata cuando hablo de buscar los lugares comunes. Identifica a tu cliente potencial, pregunta sobre sus intereses, su familia, su tiempo en este nuevo país en el caso de que sean inmigrantes. Pregunta e interésate de manera genuina y natural, aunque con cuidado de no ser demasiado persistente e incómodo/a. No pienses en vender, piensa en generar empatía.

Habrá casos que no te den ventas inmediatas, pero te aseguro que te labrarán una relación sólida con recomendaciones y muy posibles ventas en el futuro.

Identidad corporativa

Es la construcción de los elementos que te harán sobresalir en tu área. Es aquello que, bien logrado, hará que ganes credibilidad y que resaltes con coherencia. Entre algunos de ellos están:

- Tipografía: expresión gráfica que vaya con la imagen que quieres mostrar y que sea coherente con tus valores y tu esencia.
- Logo: es la representación visual de tu empresa.

- Eslogan: es la frase que ayuda a exponer la mayor fortaleza de tu bien o servicio.
- Propuesta de valor: para ello, se tiene que identificar qué es lo que te hace diferente de los demás en tu área.
- *Branding*: proceso para unir todos los elementos y posicionar tu marca.

Expertos afirman que para crear una identidad corporativa debemos desarrollar las tres formas con una estrategia efectiva: *branding, marketing* y la publicidad de la marca. Esto lo veremos con detalle en el capítulo 6 del libro *Desarrollar un plan en redes sociales*.

Creación de compañía

Este paso es fundamental para respetar las leyes del país donde estás desarrollando tu negocio, pero, sobre todo, para generar seriedad y mayor credibilidad en tus clientes y futuros patrocinantes.

Para esto te sugiero precisar qué tipo de negocio quieres crear: bien, servicio o industrial. Dependiendo de este punto, recurre a un experto para que te oriente sobre qué tipo de empresa legal es la que más te conviene según tus necesidades. Ellos te guiarán para crear una empresa acorde con tu idea de negocios y lo más importante todavía: convertirte no solo en un emprendedor soñador, sino en el fundador de una empresa que tiene derechos y deberes en el país en donde lo lleva a cabo.

Plan de negocios

Es una reseña de todos los aspectos relevantes de tu empresa y cómo lo piensas desarrollar. En este plan de negocios deberás detallar diferentes puntos que hemos venido abordando poco a poco a lo largo del libro. Dependiendo del negocio, un plan de negocios puede ser más detallado y complejo que otros.

Acá te compartiré el plan de negocios simple y básico que a mí me ayudó a dar ese primer paso fuerte para la construcción de mi emprendimiento.

- Explicar el problema que tu empresa resolverá, es decir, una justificación del porqué de tu negocio. Esto es una manera de validar tu negocio, o sea, ¿por qué tendría éxito una empresa como la tuya? ¿Tu empresa vendría a llenar un vacío de algo?

Ejemplo: yo desarrollé los talleres de oratoria y ventas para ofrecer herramientas a un problema de comunicación efectiva en profesionales latinos en EE. UU. Ellos no sabían cómo expresarse de manera efectiva acerca de su emprendimiento.

¿Qué problema resolverá tu emprendimiento?

- Resumen de tu empresa que solucionará el problema antes detallado.

Ejemplo: con los talleres de Caro Pereira, guiamos de manera presencial, durante ocho horas, a profesionales hispanos en EE. UU. Han sido más de 15 años como docente universitaria en los que ha desarrollado pedagogías efectivas para los emprendedores y cómo llegar a sus objetivos. Los talleres están basados en la experiencia de Caro Pereira como periodista en medios de Venezuela y EE. UU., y como docente en instituciones académicas de varios países. Entonces, ahora te toca a ti:

¿Qué diferencia a tu empresa de otra?

¿Qué servicios ofreces para canalizar un problema o carencia en tu localidad?

- Público objetivo: es la audiencia ideal que trabajamos anteriormente.

Solo debes especificar a ese cliente al que queremos llegar. Ejemplo: profesionales, hispanos, adultos, con nivel socioacadémico medio-alto.

¿Cuál es tu audiencia ideal?

- Competencia: determinar quiénes ofrecen bienes o servicios similares a los tuyos. Establecer quién es tu competencia principal.

¿Cuál es tu competencia principal en tu comunidad?

- Plan de *marketing*: es un resumen de lo que hemos venido trabajando. Debes desglosar cuál sería tu estrategia, en este momento, para difundir tu empresa o emprendimiento.

Ejemplo: recurrir a un equipo de *branding* para posicionar de manera coherente y armoniosa mi producto en redes sociales. Recurrir a ADS (avisos publicitarios) para tener mayor presencia de manera paga. Recurrir a personas influyentes para que se conviertan en voz de mi marca.

¿Has pensado en un plan de *marketing* para tu empresa?

- Financiamiento para tu empresa: son los recursos económicos que necesitas para dar ese primer paso para tu emprendimiento. Debes especificar cuánto dinero necesitas, cuánto sería la inversión, si deseas hacerlo solo o en sociedad... Si tienes los recursos para empezar o cuánto requerirías para llevarlo adelante.

¿Necesitas financiamiento? ¿Cuánto es lo estimado?

Todos estos elementos fueron vitales para ver con mayor claridad y coherencia los pasos que debía seguir a fin de llevar adelante mi empresa.

Es importante identificar con estrategia y fundamento cada uno de estos elementos.

¿Por qué la importancia de este capítulo?

Porque te ayuda a distinguir de manera clara y concisa los puntos por seguir:

- Sin un *target* claro, tu discurso y tu estrategia no llegarán de manera efectiva.
- Sin una identidad corporativa, te costará más trabajo posicionar y determinar tus fortalezas en tu área.
- Sin un plan de negocios pormenorizado y coherente, solo se quedará en un sueño sin estrategia.

He visto a lo largo de cuatro años en mis talleres a cientos de personas que comienzan un proyecto con un futuro prometedor, pero que al poco tiempo desisten o simplemente se desvanecen.

Las razones por las que un buen emprendimiento se puede ir a la ruina son:

- Falta de tiempo.

- Falta de constancia.
- Falta de disciplina.
- Falta de preparación.
- Falta de recursos financieros.
- Y lo más crucial: el desánimo por no seguir adelante en momentos de incertidumbre.

Si tú decides emprender, debes comprometerte al cien por ciento.

Si tú decides apostar por tu negocio, debes prepararte para que todo salga bien.

Si tú decides comenzar algo, debes asesorarte con los mejores en el área.

El miedo siempre estará. El miedo siempre te acompañará. Yo lo sentí, yo estuve ahí. He tenido ese sentimiento en muchas ocasiones. La diferencia radica en que ese miedo debe impulsarte, y no paralizarte.

Sentir miedo, después de haber evaluado todo y tener la certeza de que tu emprendimiento tendrá éxito, es una señal natural de los seres humanos: miedo a lo desconocido.

Acá debemos detenernos y aclarar este punto, porque no es desconocido. En este momento: ya logramos identificar tus talentos, tus servicios o bienes, qué te diferencia, a quién debes recurrir, qué debes dejar a un lado y qué debes incorporar.

En este punto, no hay miedo a lo desconocido, en este punto hay certeza de que tienes mucho que ofrecer a través de tus bienes o servicios. Hay certeza de que tienes un mundo esperando por tu emprendimiento.

Te confieso con todo mi corazón: si sabes cuál es tu talento, qué te diferencia, si tienes un plan de negocios claro, si te has asesorado con expertos en el área… solo debes creer más en ti: no te puede ir mal.

Confía en tu talento. Recurre a expertos. Crea un plan de negocios.

Confía en ti.

Sigamos juntos. Un nuevo capítulo nos espera.

Paso

CREAR ALIANZAS COMERCIALES

"No se trata de tener las oportunidades adecuadas, se trata de manejar las oportunidades correctamente".

MARK HUNTER

Debo admitir que mi éxito viene en parte por las alianzas comerciales que he hecho desde el 2017 en EE. UU., alianzas que comenzaron para captar patrocinantes para mi programa de radio en Dallas y que, con el tiempo, se fueron fortaleciendo. Muchas de ellas, hasta en la actualidad.

Estoy convencida de que uno puede surgir solo, sin embargo, con las alianzas correctas, uno crece más rápido y con mayor fuerza. Es una apuesta ganar-ganar.

¿Pero qué se entiende por alianzas comerciales?

Son todas las negociaciones exitosas que hacemos para que haya evolución y poder cumplir objetivos en relación con tu empresa.

¿Se deben hacer alianzas comerciales con todo el mundo? No.

¿Por qué?

Por una sola razón: uno no es amigo de todo el mundo. No se puede hacer alianzas con todo el mundo, ya que se deben compartir elementos en común que permitan a ambos sacar provecho y cumplir las metas establecidas con unas reglas previamente conversadas.

Recuerdo que cuando emigré a Dallas en el 2017, pocos conocían a Caro Pereira. La periodista de Globovisión con 15 años en la planta televisiva venezolana no era de renombre en Texas. Mucho menos la profesora de locución de la Universidad Central de Venezuela. Esa Caro Pereira que había sido empleada toda su vida.

En ese tiempo, un productor de conciertos se sintió interesado en la forma de expresarme y me ofreció animar sus eventos; eso sí, sin paga. Era una especie de favor que me estaba haciendo para darme a conocer y yo a él por no cobrarle mis honorarios.

En ese momento pensé:

¿Qué estás haciendo ahorita? Un oficio que odiaba.

¿Te gusta lo que estás haciendo? Fue un rotundo no.

Era la manera de acercarme a eso que tanto quería. Volver a lo mío: comunicación.

Entonces acepté la propuesta con una estrategia que me creé a mediano plazo: hacerme conocer en Dallas como animadora.

Lo hice. Animé 10 eventos en 6 meses. En ninguno percibí dinero. Percibí mucho más: presencia, admiración y oportunidades de trabajo en otras ciudades. Sin duda alguna, lo que más destaco de esa parte de mi vida fue conocer a tanta gente y tener los contactos personales de la mayoría.

A partir de ese momento, ya no era la animadora de todos los eventos de Dallas; ya me contrataban en otras ciudades como San Antonio, Austin y Houston. Todas las ciudades importantes de Texas.

Meses después, ya no era solo la animadora que ahora cobraba por su talento. Era la persona a la que llamaban para pedir contactos y que les sirviera como puente para hacer alianzas con otros profesionales en varias ciudades de Texas.

Con esto quiero decirte que, partiendo de mi propia experiencia, las alianzas no siempre son relativas a dinero. Pero siempre siempre las alianzas correctas están relacionadas con ganar-ganar.

Quiero dejar esto claro: todo dependerá de tu visión y tu perspectiva. Yo estoy convencida de que no puedes regalar tu trabajo, no obstante, las exposiciones gratuitas o muestras sin generar ingresos son una ventana riquísima de captación de personal, clientes y oportunidades laborales.

Ahora bien, las cuotas, los tiempos, las reglas las establece cada uno de ustedes. Esto es una decisión personal.

Debo hacer énfasis en esto:

No puedes hacer alianzas con todo el mundo. Debes hacer alianzas con las personas correctas para ti y para tu negocio.

¿Has dado muestras gratis de tu producto? ¿Has organizado seminarios gratuitos para captar clientes?

En este capítulo voy a compartir contigo los aspectos que debes evaluar al tener una alianza comercial.

Necesidades de la marca

En este punto debemos establecer cuáles son las necesidades de tu empresa. Al determinar cuál es la necesidad, vamos a poder desarrollar una posible alianza con ideas muy claras de lo que careces en este momento y qué debes hacer para manejarlo.

Ejemplo: una de mis primeras alianzas fue con un *restaurant* venezolano de la ciudad de Dallas. Pero era mucho más que eso. Yo tenía el primer programa radial en español en una empresa americana llamada Fishbowl Radio. El conseguir una alianza comercial con el *restaurant* venezolano más icónico de la ciudad era una gran hazaña, pero, sobre todo, un gran logro que deseaba alcanzar.

Mi necesidad en aquel entonces era generar credibilidad y prestigio a mi programa de radio, teniendo como cliente a ese *restaurant* en particular. No sería solo un patrocinante, pudiese haber concretado dos restaurantes más que estaban interesados, pero el significado real para mi programa era ese en particular. Era ese por el poder sentimental y peso que tenía en el área.

Fue difícil. No estaba familiarizada con el poder de las ventas. Toda mi vida había sido empleada, nunca vendedora. Por consiguiente, ¿a qué apelé? A la sinceridad. A la pasión que tenía por el programa. Estaba convencida de que sería un éxito (y lo fue). Compartí mi posición y mi interés con el dueño del negocio. Lo hice con coherencia y paciencia, nunca con presión. Era una especie de recordatorio de cómo nos impulsaríamos juntos. Yo, con el mejor *restaurant* venezolano de Dallas, y él, dándose a conocer con los inmigrantes más nuevos.

Fue un gran logro. Pasé de no vender nada a crear mi empresa de comunicaciones, y de no usar la palabra cliente nunca en mi vida a concretar más de 16 clientes en un año.

Fue el primer paso para dejar mi oficio, que odiaba, a vivir de lo que amaba. No me detuve. Seguí creando. Seguí diversificando en mi área.

Ahora bien, recordemos eso que quizás ya olvidamos: NECESIDAD de tu empresa.

¿Cuál es la necesidad de tu empresa? (Exposición, credibilidad, prestigio, alcance, influencia).

....

....

¿Has pensado en alguien de tu comunidad que pueda cubrir esa necesidad?

Interés en común

Este punto forma parte de lo que yo llamo "puente conector" entre las posibles alianzas. Al principio, expresé con vehemencia que uno no puede hacer alianzas con todo el mundo. La razón se basa en este punto en particular: intereses en común. Debemos establecer si con esa posible empresa o persona, con la que quieres hacer una alianza, tienes un interés en común, porque si tienen esa plataforma conjunta, cumplirán sus objetivos de manera armoniosa y creciente para ambos.

He visto muchos casos de posibles alianzas que producirían ganancias y crecimiento para ambas partes, mas con el tiempo se vio que los intereses no eran comunes.

Recuerdo una anécdota con los representantes de un complejo residencial que querían promocionar su empresa conmigo. El monto era bastante lucrativo. Inicialmente, la alianza se basaría en una necesidad existente de la cantidad de inmigrantes que estaba llegando a la ciudad y, si decían que iban de mi parte, tendrían varios beneficios, como rebajas en el primer mes, entre otros obsequios. Al principio, era una alianza ganar-ganar. Yo ayudaba a mi comunidad a través de mi programa de radio, y ellos ganaban inquilinos mientras, supuestamente, apoyaban al inmigrante recién llegado.

Sin embargo, yo no me quedé ahí. Antes de hacer la alianza averigüé más profundamente sobre ellos. Descubrí que su interés no era tanto ayudar a los inmigrantes; recurrían al sobreprecio y a otras estrategias con las que yo no comulgaba. En otras palabras, no teníamos un interés en común. No compartíamos los mismos valores. No acepté la alianza a pesar de que era lucrativa.

Por eso, reitero: no sc pueden hacer alianzas con todo el mundo.

Ahora bien, es tu turno. Debes preguntarte:

¿Qué intereses en común tengo con la empresa que me atrae?

¿Qué cosas no tenemos en común?

Esto será importante al iniciar una alianza. Recurre siempre a estas preguntas cuando dudes acerca de los intereses en común.

Valores y principios

Estoy convencida de que cuando tienes muy claros cuáles son tus valores y principios, las decisiones son más sencillas. Con esto me refiero a que existen comportamientos y criterios que ambas partes interesadas deben establecer con claridad.

Una alumna del taller en Houston estaba apenas comenzando en la ciudad porque tenía poco tiempo de haber emigrado. Ella tenía experiencia —en su país de origen— en el área de la repostería, a pesar de que no era su carrera. Era básicamente un *hobby*.

Al emigrar, comenzó a hacer su trabajo, averiguar sobre su área de interés. Averiguó las opciones alrededor de su ciudad, precios, empresas, todo lo que ella consideraba que era su competencia. Todo iba a bien.

Un día, en los usuales *networkings* en EE. UU. (eventos con personas de diferentes áreas con el propósito de intercambiar tarjetas y crear contactos), conoció a una persona que estaba en su campo. La empatía fue maravillosa. Empezaron a conversar inmediatamente para hacer una alianza que, en teoría, era para ganar-ganar.

¿Qué ocurrió? La hermosa ilusión se vino abajo cuando una de las partes llegaba tarde a todos lados y no cumplía con los pedidos. Varios cumpleaños se quedaron sin pastel y muchos malentendidos se generaron en la comunidad.

La alianza prematura terminó. Y terminó mal.

Empieza a preguntarte cuáles son esos valores o principios que para ti son importantes. Aquello que te hace mantener una actitud firme y sin dudas.

Los valores que mantengo con fuerza y con los que las personas me relacionan son credibilidad, honestidad y seriedad.

Yo no hago alianzas con gente irresponsable. Yo no hago alianzas con gente poco seria.

¿Cuáles son los valores/principios fundamentales para ti?

Pros y contras

Cuando se tiene actitudes tan firmes en la vida surgirán dos perspectivas ampliamente debatidas. Las dos visiones se basarán en la intención de crear un mayor número de clientes y, en consecuencia, un mayor ingreso económico o, por otro lado, un menor ingreso económico, pero la imagen será la de una empresa coherente con sus valores y principios.

Acá quiero dejar claro lo siguiente: no considero que la radicalidad sea una buena compañera en el área de ventas. Solo considero que, al plantear tu postura de manera clara y firme, tu comunidad te verá como alguien serio en tu campo, y eso es, en valor, muy preciado.

He visto a muchos de mis alumnos que crecen como la espuma en el área de seguros de salud y vida, bienes raíces, temas legales y de *branding*, y que, al poco tiempo, caen con una velocidad abrumadora.

Si no tienes una mentalidad clara, con valores firmes, podrás subir como la mayoría de la gente, no obstante, el punto es mantenerte en el tiempo y con credibilidad.

No todos logran lo segundo.

Negociables/no negociables

En este momento, vamos a determinar —a través de una lista— qué cosas, personas o situaciones estás dispuesto a negociar (a pesar de que no te encante) y las cosas que definitivamente no estás dispuesto a negociar.

Comienzo yo con mi lista:

Negociables:

- El precio del servicio.
- Tiempo/duración de mis entrenamientos.
- Algunas clases gratuitas para captar alumnos.
- Viajar a otros estados para dictar talleres.

No negociables:

- Gente irresponsable.
- Regalar mi trabajo.
- Irrespetar las normas del país.
- Gente maleducada.
- Personas con poca credibilidad en su área.

Ahora te toca a ti…

Negociables/no negociables

Si yo hubiese tenido este esquema con tanta claridad cuando empecé mi empresa, no hubiera lidiado con tanta frustración y molestia. Dejar por escrito todo aquello que estás dispuesto o no con las alianzas, les permitirá a ambas partes avanzar con honestidad y paso firme.

Recuerda:

No se puede hacer alianzas con todo el mundo.

No todos comparten los mismos principios.

No todos tienen la misma visión que tú.

Y lo más importante: debes tener muy claro a quién quieres como imagen de tu empresa.

Esto es determinante para hacerte subir al cielo o hacerte bajar al sótano.

La decisión es tuya. La decisión es nuestra.

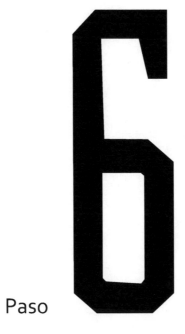

Paso

PRESENCIA DIGITAL DE TU NEGOCIO

"En el pasado tú eras lo que tenías, ahora eres lo que compartes".

GODFRIED BOGAARD

C asi 3 millones de personas utilizan redes sociales en la actualidad. Es una perfecta alternativa para mostrar tu emprendimiento.

Y es que las redes sociales posibilitan el que puedas compartir lo que tienes, aprovechar esta ventana para mostrar tu talento y tus habilidades. Se basa en exponer tu propósito y llegar de manera efectiva a tu audiencia.

En los capítulos anteriores hemos trabajado cada uno de los elementos necesarios para desarrollar desde cero tu marca o tu emprendimiento.

Hemos descubierto tu talento.

Hemos identificado tu sello diferenciador.
Hemos determinado tu audiencia ideal.

Hemos dibujado tu propósito.

Hemos dado pie a tu plan de negocios.
Hemos escogido tus alianzas ideales.

Entonces, es el momento de acudir a los expertos para llevar todo lo que hemos trabajado a las diferentes redes sociales y plataformas digitales para posicionarnos.

Me atrevo a decir que el 70% de mis alumnos, al iniciar el taller, manejan ellos mismos sus redes sociales corporativas o de negocios. Vamos a analizar los beneficios y las consecuencias de que tú mismo publiques sin conocimiento:

Beneficios:

- Ahorras dinero.

Consecuencias:

- Publicas sin estrategia.
- Las fotos pueden ser de mala calidad.
- Puede haber errores en la redacción.
- No conectas con tu público ideal. Llegas a cualquiera, no a los que quieres.
- No tienes coherencia ni armonía en tu perfil.
- Si te montas en la ola de los *reels* por ser una moda, lo haces sin significado ni propósito, solo por tendencia. (Error más común).
- Publicas sin cronograma.
- No verás los resultados que deseas.
- No reflejarás una cuenta profesional.
- Serás uno más del promedio, y nada hará que te diferencies.

No se trata solo de mostrar tus productos y de publicar porque TIENES QUE HACERLO. Hay una estrategia para cada cuenta. Hay un diseño para cada empresa. Hay una necesidad que debemos satisfacer de manera única: de ahí viene el éxito.

"En las redes sociales no
vendes, enamoras".

OCTAVIO REGALADO

Expertos aseguran que emplear un plan en redes sociales no solo hará que se tenga presencia digital (porque eso lo tiene mucha gente), sino que también te destaques y posiciones en tu área.

¿Cómo lo hacemos?

Primero, acudiendo a un experto que se preocupe por entender tu marca. A esto me refiero con tus necesidades, la personalidad de tu empresa, tus fortalezas y tu visión del negocio.

Las primeras dos preguntas que les hago a mis alumnos y que deseo que las respondas son:

¿Cómo visualizas tu empresa?

Ejemplo: yo visualizo a mi empresa dictando talleres presenciales en 20 ciudades de EE. UU. en los próximos dos años. La visualizo como una empresa de referencia en capacitación comunicacional para líderes hispanos.

¿Cómo quieres que te reconozcan?

Ejemplo: deseo que me reconozcan como una periodista y docente con credibilidad, empática y con vocación de servicio. Deseo que me reconozcan como la mentora hispana que te permitirá llegar al siguiente nivel.

La guía de un experto

Con las dos preguntas anteriores, la persona que llevará tus redes sociales comenzará a visualizar tu negocio de la forma como deseas… ese es el primer paso para trabajar juntos.

¿Por qué estas preguntas son tan importantes? Pues porque será una representación coherente y fidedigna de la personalidad de tu empresa. Con esto me refiero a los colores que usarán, la tipografía, la representación visual. Esto para empezar.

Recuerdo cuando acudí por primera vez a un experto en redes sociales para potenciar mi negocio. Era una muchacha brillante, proactiva y con experiencia en el área de comunicaciones. Me presentó la propuesta de sus funciones y empezamos a trabajar. ¿Cuándo se presentó el elemento de quiebre? Cuando no expresó mi personalidad, es decir, la personalidad del cliente, sino la de ella.

A esto me refiero: a la paleta de colores que estaba entre los rosados (cuando nunca en mi vida optaría por ese color para representarme) y, segundo, porque sus diseños estaban enfocados en el "empoderamiento" de las mujeres, posición que respeto, pero que no me identifica.

Creo firmemente en la diversidad y en tener las mismas oportunidades, pero jamás en diseñar un círculo para compararnos con los hombres o criticarlos constantemente. Nuestras vidas son maravillosas porque nos basamos en la diversidad y en la belleza de incluir a todos por sus valores y talentos, no por su género. Creo en la convivencia y respeto de todos los papeles para una sociedad productiva y sana.

Esto fue un inciso de mi perspectiva personal. Esto es lo que deseo que se represente en mi vida y, por supuesto, en mis redes sociales.

Por eso, es tan importante que el experto en redes sociales conozca, se interese, trabaje de la mano con el cliente, porque juntos construirán tu presencia digital, y lo que te hará diferenciarte es TODO aquello que sea real y cómo lo compartes. Te sugiero que la empatía sea lo que predomine cuando tomes la decisión de escoger el equipo con quien trabajarás. ¿Por qué? Porque se debe presentar la identidad de tu empresa mediante la guía del experto, pero siempre manteniendo tu esencia. Es la clave de trabajar exitosamente con el cliente.

Verdades digitales

Si estás buscando verdades digitales absolutas, lamento decirte que no existen. Sí, así como lo estás leyendo. Cada cuenta tiene un producto, propósito, fortalezas y público diferentes, lo que requiere estrategias diversas de acuerdo con tu objetivo.

El *marketing* digital se basa en CONQUISTAR A TU AUDIENCIA mostrando tu esencia para luego hacerte con la venta de tu servicio o bien.

¿Cómo se conquista a la audiencia?

- Con un nombre atractivo.
- Explotando tu sello diferenciador.
- Generando empatía.
- Interactuando con tu público (no solo tus clientes).
- Mostrándote coherente con tus pensamientos.

- Siendo consecuente con tus acciones.
- Estableciendo armonía entre lo que presentas y lo que eres.

He tratado de compartir esta frase con cada persona con la que interactúo: "No pensemos en vender, pensemos en generar empatía".
Esto también aplica a las redes sociales.

Google como opción

Muchos expertos han definido Google my Business como una de las estrategias más efectivas para llegar de manera contundente a tu audiencia: invirtiendo en aplicaciones que hacen que, con poco dinero, puedas llegar a tu público ideal. El anuncio estará compuesto por tu perfil de negocio y la percepción de tu clientela.

¿Por qué es tan efectiva esta estrategia? Porque apenas uses el buscador Google, aparecerás entre las primeras opciones de esa necesidad. Esta aplicación permitirá posicionarte frente a otros competidores, lo que aumenta que seas elegido rápidamente por el consumidor.

Marketing de contenido

Es la estrategia utilizada para posicionarte digitalmente. ¿Cuál es el mayor beneficio? Aumenta tu visibilidad en estas plataformas vinculando tu empresa con una propuesta de valor. Esto debe estar acompañado de técnicas llamadas SEO (*search engine optimization*) con la finalidad de vincularte con una empresa con credibilidad y, así, hacer que más clientes lleguen a ti. Debes evaluar si esta opción es la más apropiada para ti, de acuerdo con tu tipo de negocio.

Google ADS

Es la estrategia más competitiva y atractiva que hay en la actualidad. Es la herramienta para acudir a enlaces patrocinados en internet. Esta opción te permite no solo invertir (con poco o mucho dinero) para llegar rápidamente a tu público ideal, sino que también puedes diseñar y recurrir a *banners* y material interactivo que lo hace increíblemente atractivo y eficiente. El objetivo principal es captar la atención de clientes a corto plazo mediante una inversión de la que verás, sin duda alguna, el retorno. Es la magia de generar frutos con una palabra clave, una estrategia adecuada y con resultados rápidos.

Sitio web

Muchos consideran que el sitio web no es necesario en la actualidad. Para aquellos que piensan así, recordemos cuando Instagram y Facebook sufrieron una falla de su plataforma a escala mundial y nadie podía postear o mostrar su bien o servicio.

Otra situación: ¿qué pasaría si, por alguna razón, tu cuenta es cerrada en Instagram? ¿Dónde quedarán tus seguidores (que no son tuyos, son prestados)?

¿A quién le venderás tus bienes o servicios si solo te enfocas en una red social?

Por eso, la importancia de explotar tus recursos digitalmente y posicionarte en una red social. Sin embargo, es fundamental que evalúes invertir en una página web como herramienta para que tus clientes acudan como otra vía de contacto.

Probablemente, sigan contactándote por las redes sociales, pero mi sugerencia es que tengas otra opción que te ayude a estar en contacto con tus clientes, además de que la página web le da a tu negocio una presencia profesional y sin riesgos de una falla mundial.

En este capítulo compartí contigo algunas herramientas que me han servido para posicionar mi negocio de manera digital y me han dado resultados positivos.

Es importante determinar cuál de estas opciones es la que más te beneficia, pero, sin duda alguna, debes acudir a un experto para hacerlo bien.

En algunas ocasiones, he conversado con personas que tienen su emprendimiento y desean trabajar conmigo para hacerles publicidad. De manera honesta les digo que mi sugerencia es que inviertan primero en sus redes sociales… por una sola razón: no importa quién te recomiende o a cuál personalidad acudas si no tienes un perfil bonito y profesional que muestre atractivamente tus bienes o servicios.

¿Consideras que tienes un buen perfil de tu negocio?

En este punto te recomiendo que comiences a buscar cuentas que estén relacionadas con tu área y que te gusten. Ahí comienza la inspiración. Identifica los colores que consideras que van contigo, el tipo de letra que te representa, las imágenes que te gustarían.

¿Qué pasa cuando tienes todo claro en la cabeza?

El trabajo es mucho más fácil. Vas directo a lo que quieres, siempre escuchando la guía del experto.

Si no estás en las redes sociales, no existes. Entonces, procura tener una presencia atractiva y coherente.

Este era mi propósito: guiarte a cómo pasar de empleado a emprendedor en siete pasos simples y efectivos.

¿La buena noticia?

Lo estamos logrando.

Ahora seguimos.

El último capítulo nos espera.

Paso

PLANIFICANDO EL FUTURO

*"El poder para crear un futuro mejor está
contenido en el momento presente: creas
un buen futuro creando un buen presente".*

ECKHART TOLLE

Hemos llegado juntos hasta el último capítulo y lo primero que deseo decirte es que ESTOY PROFUNDAMENTE ORGULLOSA DE TI. Sé en carne propia lo que es sentir el temor de dejar algo fijo, nuestro puesto de empleado, para soñar y comenzar a elaborar nuestro propio camino como emprendedor.

Sé lo que es analizar con incertidumbre no tener ese ingreso fijo (aunque sea poco) y pensar diariamente en todas las situaciones posibles. Sé que se requiere mucha voluntad, pero, sobre todo, certeza, y acá te digo que la voluntad depende de cada uno de nosotros, mas la certeza no está en nuestras manos.

La certeza, al contrario de lo que muchos piensan, está en cada uno de los movimientos, en cada una de las acciones, en el trabajo de hormiga que hacemos para estudiar cada alternativa, para aprender de expertos en el área que queremos desarrollar, para tener la iniciativa de hacer las cosas bien... La certeza no la encontraremos con la razón, la certeza la encontraremos con la intuición.

Estoy convencida de que ser emprendedor no es para todo el mundo, y con esto me refiero a que algunos prefieren tener la obligación de asumir un cargo como empleado y demostrar el mejor desempeño, sin tener funciones mayores, solo los relacionados con su posición. Algunos prefieren tener un horario fijo y también la certeza de que siempre tendrás tu pago cada quince y último de mes.

Si no tienes algo que te apasiona y a lo que quieres sacarle provecho, si no tienes liderazgo, si te cuesta tomar decisiones, si no estás dispuesto a negociar, si no quieres desarrollar relaciones con otras personas, si no te gusta delegar, si necesitas motivación constante para salir adelante… entonces el emprendimiento NO es lo tuyo.

En este punto de mi experiencia en ambos papeles, reconozco los beneficios de ser empleado y valoro las bondades de ser emprendedor.

¿De quién depende esta decisión? De TI MISMO.

Una vez más, la invitación a emprender es para aquellos que tienen un talento y desean desarrollarlo. La invitación a emprender es para aquellos que tienen características de líderes, para aquellos que tienen la capacidad y la intención de organizarse, los que tienen humildad para aprender, los que se atreven a hacer realidad de manera responsable esa pasión que tienen guardada.

Por muchos años, pude desarrollar las dos etapas, una vez que emigré de Venezuela. Mientras narraba noticias en un canal de televisión en Texas, dictaba mis talleres en varias ciudades estadounidenses.

¿Cómo lo lograba si era empleada a tiempo completo de lunes a viernes?: organizándome. Esa es la respuesta corta.

La respuesta larga es que apenas terminaba de narrar noticias los viernes, dos veces al mes tomaba el último vuelo del día a la ciudad donde dictaría el taller. Llegaba en la madrugada, trabajaba todo el sábado, hacía relaciones públicas con gente de la ciudad en la noche, y el domingo regresaba a Texas.

El lunes volvía a mi papel como empleada (narradora de noticias) a tiempo completo.

Esto lo hice por cuatro años. Mientras los demás disfrutaban sus fines de semana, yo tenía un propósito claro: llegar a más personas a través de mis talleres, los sábados y domingos, teniendo el respaldo del canal de televisión donde trabajaba.

Era, para muchos, lo mejor de dos mundos: empleado y emprendedor.

Hasta que, analizando todas las perspectivas y basándome en ingresos, visión, crecimiento y tiempo de calidad, decidí concentrarme a tiempo completo en mi empresa.

En cuatro años, hasta el 2022, he dictado 60 talleres en 9 ciudades de EE. UU. He podido guiar a más de 3000 personas a alcanzar sus propósitos en lo comunicacional y en las ventas. He podido inspirar y mantener relaciones comerciales con más de 30 empresas.

¿Cómo lo he hecho? Planificando el futuro. Estableciendo metas alcanzables.

Aprender de los logros

Es el primer paso para saber: ¿qué estamos haciendo bien? Evalúa cada una de las estrategias que has aplicado y que te han generado dividendos. Cuando me refiero a estrategias es a los costos, a la identidad, a las alianzas, a todas esas decisiones que tomaste en su momento y que fueron fructíferas.

Si fueron exitosas, repítelas.

Si la fórmula funciona, hay que mantenerla.

Ahora bien, si no funciona, estamos en el momento adecuado de corregirlas.

Quiero dejar esto claro: siempre habrá momentos en los que quizás no obtengamos los mismos resultados que antes, o probablemente no los esperados. Si tu caso es el segundo, debemos detenernos y evaluar:

Si tus expectativas son realistas.

Si tus exigencias son abrumadoras.

Si no te estás enfocando en lo que debes y, en cambio, estás distraído en muchas cosas.

TODO esto se canaliza. Solo debemos tener la claridad para verlo.

¿Cuál ha sido tu mayor logro hasta ahora?

Analizar constantemente las necesidades del mercado

Los tiempos cambian y las necesidades del mercado también. Es una obligación, para todos los que queremos tener éxito en nuestro emprendimiento, evaluar con regularidad las exigencias del mercado:

- Audiencia (siempre puedes ampliarla y modificarla).
- Nuevas exigencias (formas de pago, formas de entrega).
- Mayor presencia en las redes.
- Mayor inversión.
- Mayor participación en eventos.

Diferentes elementos que debes evaluar para ir perfeccionando tu posicionamiento en el mercado y consiguiendo los objetivos que deseas.

¿Reconoces las necesidades actuales de tu mercado?

Corregir fallas

"Es de humano errar y de sabios corregir", reza el dicho popular.

Probablemente, en la dinámica diaria no tenemos el tiempo para analizar con exactitud en qué fallas estamos incurriendo. En algunos casos, cuando no tenemos los resultados deseados, caemos en la incertidumbre o hasta en el reclamo a ti y al equipo.

En esos momentos en los que no estamos obteniendo lo que deseamos, debemos enumerar específicamente esas situaciones que nos pueden estar afectando. Un ejemplo maravilloso de la efectividad de este ejercicio fue con un cliente en Dallas en el área de envíos, donde identificamos algunos "puntos débiles" que estaban repercutiendo en las metas como empresa.

Quiero regalarte un bono por llegar hasta acá

A continuación, te pormenorizo los errores más comunes en los que incurrimos cuando nos decidimos a dedicarnos a nuestra empresa:

Los errores comunes

- Fallas en la atención al cliente.
- Pocas promociones.
- Sitios poco estratégicos de entrega.
- Falta de personal.
- Página web poco atractiva y eficiente.
- Mal manejo de las redes sociales.

¿En cuál error has incurrido tú?

_____

_____

Volvamos a mi cliente. En aquel entonces, lo que se priorizó fue en cuál de estos elementos se debían enfocar para lograr una mayor efectividad rápidamente: atención al cliente, más promociones y ponerles mayor atención a las redes sociales.

Los resultados se vieron a las pocas semanas.

Haz este ejercicio con tu empresa si estás en ese momento en el que no encuentras los resultados que deseas. Es efectivo, simple y esclarecedor.

Mantener tu esencia

Una alumna de Texas inició su emprendimiento como *coach* de vida con puntos muy claros de su identidad. Ella sabía cuáles eran sus fortalezas: belleza, oratoria, carisma y sencillez al expresarse. Era muy buena conectando. Esa era su esencia.

Con el pasar del tiempo, ya no se mostraba como esa *coach* de vida con talentos fuertes y definidos. Ahora, era una mezcla confusa de *coach* de vida, animadora, bomba sexy, comediante y conductora de *delivery*.

¿Cuál es el punto de quiebre de estas posturas?

Eres promedio en todos los papeles. No te destacas de manera extraordinaria en un área específica.

Estoy convencida de que uno como emprendedora y profesional debe actualizarse constantemente y analizar con claridad las tendencias digitales, económicas y de *marketing*. De esta manera, podemos identificar cuál de estas tendencias va más con nuestra esencia. En resumen, mantenernos vigentes con nuestra esencia.

La esencia es aquello que te hará diferenciarte de otros. Es aquello que la gente tendrá como referencia. Es TU sello único y genuino.

Nuestro deber es mejorar todos los días. Pero NUNCA perder nuestra esencia.

Fíjate metas a mediano plazo

Este punto es uno de los más retadores y atractivos para mí. Es establecer con claridad y a través de la fórmula SMART tus objetivos. Ellos son:

- Específico
- Medible
- Atractivo
- Realista
- Tiempo establecido

Cuando te dije que ese es uno de los ejercicios más retadores no me equivoqué. Desde octubre, en el último trimestre de cada año, comienzo a planificar mis actividades: talleres, entrenamientos corporativos y posibles alianzas para los siguientes meses del nuevo año.

Esto me permite, usando la fórmula SMART, crear metas que sean específicas, medibles, atractivas, realistas y con un tiempo establecido. Por ejemplo:

SMART

S: desarrollar más talleres en EE. UU.
M: 14 talleres (presenciales y *online*).
A: teniendo diferentes invitados especiales en mis ediciones.
R: promedio de un taller por mes (realista y alcanzable).
T: 12 meses.

Yo le agregaría un nuevo elemento (personal): tres nuevas ciudades para llegar a un total, en el 2023, de 12 ciudades en EE. UU.

Es tu momento para hacerlo:

S

M

A

R

T

Revisión de precios

Analizar la estructura de costos de tu bien o servicio te hará no solo sincerarte con relación a los tiempos actuales, sino que también te permitirá obtener un retorno con base en lo trabajado.

Estoy convencida de que cada uno de los emprendedores debe determinar el punto diferenciador de su marca, bien o servicio. Como lo hemos visto anteriormente, pudiese ser calidad, servicio al cliente, ubicación, promociones o el precio.

Este punto particular del precio, debemos verlo con sinceridad, porque si ofrecemos algo muy por debajo, ciertamente te verán como una referencia del más barato, pero también, sin saberlo, estarás generando un impacto negativo (por ser poco realista) en tu área de servicio.

En otras palabras, poner el precio tan económico por fuera del rango promedio, probablemente te genere beneficios a corto plazo, pero a mediano plazo, cuando quieras restablecer los precios, tendrás un impacto negativo en la percepción de los consumidores.

Mi consejo es ubicar la inversión dentro del promedio establecido del mercado (para eso debes hacer un estudio de tu área). Así serás coherente, honesto y respetuoso con todos tus colegas de la comunidad.

Mantener la credibilidad

Confirmo con total certeza que este es el principal activo de cualquier profesional y emprendedor. El mayor activo, me atrevo a decir, de cualquier persona: LA CREDIBILIDAD.

Antes de pensar en vender, piensa en cómo ganarte la credibilidad de las personas.

Esto va de la mano de muchos aspectos:

- Buen trabajo.
- Honestidad.
- Seriedad.
- Coherencia.
- Empatía.

Esto es lo que me ha permitido a través del tiempo poder ganarme el respeto de los colegas, alumnos y clientes con quienes he trabajado.

No dudes, NUNCA, en hacer las cosas bien, con honestidad y mucho esfuerzo. Procura que cuando la gente hable de ti, tengan referencias positivas.

Esto te permitirá no solo posicionarte, sino que también te ganarás el respeto de tu comunidad y, sobre todo, permanecerás en el tiempo.

Queridos amigos:

LO HEMOS LOGRADO.

Juntos, de la mano, hemos aprendido, superado y llegado al capítulo siete.

Este camino, que hoy he compartido contigo, tiene un solo propósito: guiarte en los primeros pasos para convertirte de empleado a emprendedor.

- Hemos descubierto tu talento.
- Hemos materializado tu propósito.
- Hemos determinado tu audiencia ideal.
- Hemos creado un plan de acción.
- Hemos trabajado en futuras alianzas.
- Hemos investigado para posicionarte digitalmente.
- Hemos planificado tus metas futuras.

Nada puede salir mal.

Confía en ti. Confía en tu talento. Confía en tu plan.

No habrá nada más gratificante para mí que saber tu evolución en tu emprendimiento y que forme parte de tu crecimiento. Quiero estar ahí para aplaudirte. Vamos a seguir juntos en este camino.

Por eso, te invito a que compartas tu opinión y tu éxito conmigo a través de mis redes sociales @caropereiradr.

Made in the USA
Columbia, SC
04 April 2024

33989128R00067